LA VIE

ET LE PROCÈS

DU GÉNÉRAL

Mouton Duvernet,

PAR M. C. BOUCHET, AVOCAT.

AU PUY,

IMPRIMERIE D'ALEXIS GUILHAUME.

—

1844.

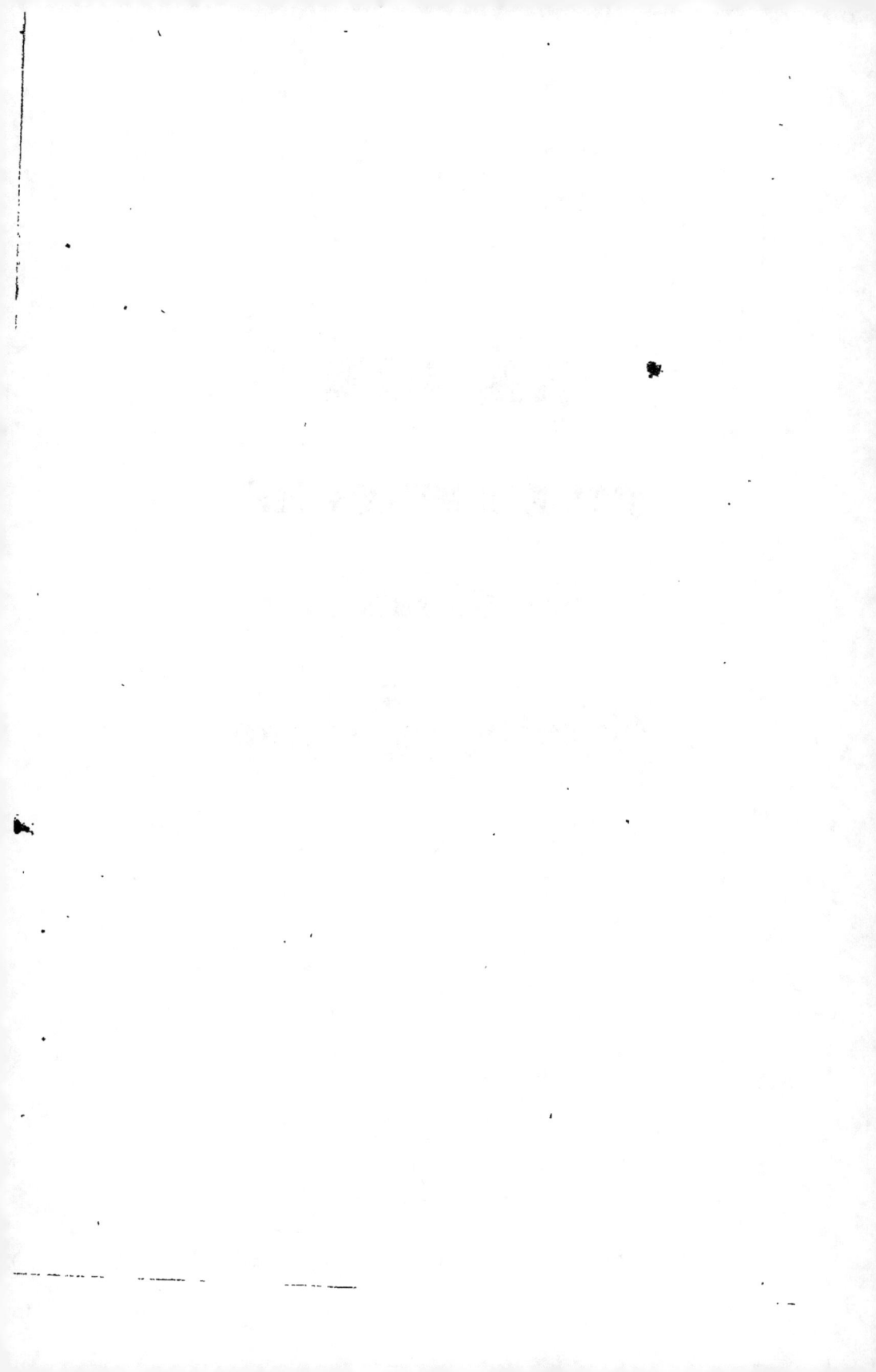

LA VIE

ET LE PROCÈS

DU GÉNÉRAL

Mouton Duvernet,

PAR M. C. BOUCHET, AVOCAT.

LE LIEUTENANT GÉNÉRAL MOUTON-DUVERNET.

Mon intention n'était pas de livrer à la publicité le présent opuscule biographique. Je voulais seulement en donner lecture, lors de la séance solennelle de la Société d'agriculture du Puy, et c'est ce qui en explique la forme. Cette séance n'ayant point eu lieu, je me suis demandé si je renfermerais dans mes cartons mon manuscrit, quand une idée a surgi dans mon esprit : ce n'est point ici une œuvre littéraire dont il s'agit, me suis-je dit, c'est une page d'histoire qui renferme une grande leçon,

appuyée de toute la puissance d'un fait historique : cette leçon ne doit donc point être
perdue. Les hommes disparaissent, les faits
restent, et la postérité en profite. Des considérations personnelles, ou autres, ne peuvent
point empêcher de proclamer une vérité, dure
pour quelques-uns, mais vraie pour tous. Il
ne sera point dit que la POLITIQUE, ce mot
élastique dont s'emparent toutes les mauvaises
passions, autorise impunément le crime. Oui,
le jugement de Mouton fut une amère déri-
sion, et sa condamnation, une grande iniquité.
C'est un fait connu et que personne ne peut
me contester. Puis, ne doit-on rien à la mémoire de cet homme que Bonaparte n'avait
point oublié dans son acte de dernière volonté,
et qui avait inspiré assez de confiance au
gouvernement d'alors pour obtenir le commandement de la capitale une fois, et deux fois
celui de la seconde ville du royaume ; doit-
on, par un lâche silence, sanctionner l'ingratitude dont se sont rendus coupables ses

compatriotes ? Que l'on visite notre musée, nos places publiques ; nulle part son buste, nulle part, même son nom. Cependant il a illustré la ville qui lui donna le jour ; et il ne resterait rien de lui, pour perpétuer son souvenir, qu'une pierre tumulaire, simple comme tout ce qui appartient à la mort ! Il a été victime de l'accusation la plus odieuse, sa tombe s'est refermée sur lui, et tout serait dit ! Non. Je protesterai de toutes mes forces, quelque faibles qu'elles soient. Je dirai que, vu de son point de départ, Mouton fut grand ; je chercherai à le réhabiliter, et j'acquitterai ainsi, par l'accomplissement d'un devoir, cette dette sacrée que tout citoyen contracte vis-à-vis d'un homme qui fit l'honneur et la gloire de son pays. C'est pour arriver à ce but que j'ai emprunté la voix puissante de la presse.

LA VIE ET LE PROCÈS

DU GÉNÉRAL

Mouton Duvernet.

MESSIEURS,

L'homme est oublieux, et ce n'est souvent qu'en se heurtant contre une tombe, qu'un nom vient lui rappeler de grands souvenirs. Alors, comme pour réparer son oubli coupable, il groupe devant lui les faits qui se rattachent à ce nom, et de leur ensemble naît quelquefois une grande et noble existence, qui devient pour lui et ses semblables un sanglant reproche d'ingratitude. C'est sous l'impression pénible de cette triste réflexion que ces quelques pages ont été écrites.

Dans un jour de désœuvrement passé à Lyon, mes pas incertains se dirigèrent vers le cimetière de Loyasse. Maintenant l'asyle des morts fait partie des choses curieuses d'une cité, et loin d'être sombre et silencieux comme une vaste tombe, ce lieu est devenu partout le rendez-vous des oisifs et des indifférens.

Depuis un moment je foulais aux pieds ce sol qui recouvre tant de débris humains; mes yeux distraits s'arrêtaient sur chacun de ces monumens élevés avec ostentation dans le champ de la mort, quand mon attention fut fixée par un humble tombeau, qui semblait porter de nombreuses marques de sympathies. Je m'approchai donc de ce lieu où reposaient sans doute les restes d'un être, autour duquel des passions peut-être violentes s'étaient agi-tées. Et, en effet, de nombreuses couronnes d'immortelles gisaient encore par terre; toutes les faces du monument tumulaire étaient remplies par les noms de ceux qui y étaient venus faire un saint pèlerinage, et sur le panneau du cippe on lisait : Ici repose le lieutenant-général baron Mouton Duvernet. A ce nom, mon esprit se recueillit ; je fis un appel à mes souvenirs, et en présence de la brillante carrière qu'avait parcourue cet homme qui, de simple soldat, était arrivé, par son courage et son génie militaire, à un des postes les plus éminens de l'armée, je me demandai si tout était fini pour lui, si le jugement qui avait voulu le flétrir était sans appel, et si ce même homme condamné comme traître ne méritait pas une réhabilitation.

Ces couronnes, ces noms inscrits sur cette tombe, comme au bas d'une protestation, m'apprirent que la postérité n'avait point encore dit son dernier mot, et je conçus alors le projet, peut-être téméraire, de travailler à cette même œuvre de réhabilitation.

Mais il est des noms qui résument toute une époque, et qui réveillent bien des passions

amorties. Bailly et Louis XVI rappellent le
niveau révolutionnaire; le duc d'Enghien, le
despotisme jaloux et soucieux d'un homme ;
Ney, Labeydoyère, Mouton Duvernet et
autres, la restauration avec ses sanglantes
réactions et ses tribunaux exceptionnels. A côté
de chacun des noms de ces nobles victimes,
il y a une haine et un amour, et les pronon-
cer, c'est quelquefois encore provoquer d'un
côté un applaudissement barbare, tandis que
de l'autre un cri de vengeance se fait entendre.
Cependant ces noms appartiennent à l'histoire,
et c'est à elle à juger de l'opportunité du moment où elle doit les inscrire sur son grand
livre.

Ce moment est-il arrivé pour Mouton Duvernet ? Peut-on, à cette heure, exhumer
cette existence laissée pendant vingt-cinq années sous le poids d'une injuste accusation,
et la postérité est-elle assez libre de toute influence étrangère, pour porter son jugement ?
Oui. Un quart de siècle s'est écoulé depuis le

jour où Mouton tomba frappé au cœur par des balles françaises, les passions auxquelles il fut immolé n'existent plus, les sympathies ou les haines qu'il fit naître et qui lui ont survécu se sont affaiblies par le temps ; et ces couronnes d'immortelles jetées sur sa tombe comme l'emblème de douleurs éternelles, gisent là, flétries et mortes depuis longtemps.

L'histoire prend les hommes et les faits là où les laissent les passions humaines ; c'est donc à elle qu'appartient maintenant Mouton, puisque maintenant l'oubli laisse croître l'herbe sur la pierre isolée qui recouvre ses restes.

Mouton naquit au Puy, le 3 mars 1770 ; son père, honnête négociant, lui donna une éducation en rapport avec sa fortune, c'est-à-dire une éducation de collége. Cependant tout trahissait dans le jeune Régis ses goûts pour la carrière dans laquelle il devait trouver tant de gloire, mais aussi au bout de laquelle l'attendait une sanglante catastrophe.

A peine âgé de dix-sept ans et demi, il
s'enrôla comme volontaire dans le régiment
de la Guadeloupe, et après trois ans de service sous un ciel de feu, il revint en France
avec le grade de fourrier. Pendant le séjour
de Mouton à la Guadeloupe, une grande révolution s'était accomplie dans notre hémi-
sphère, et lorsqu'il mit le pied sur le sol de
la patrie, il entra dans la France révolutionnaire. On y proclamait alors que les peuples
sont plus puissans que les rois qui les gou-
vernent, et les potentats de l'Europe effrayée
avaient envoyé toutes leurs forces sur nos
frontières, comme des cordons sanitaires des-
tinés à arrêter, dans sa marche, le plus redoutable des fléaux pour eux, la contagion
des idées libérales. Aussitôt la patrie fut déclarée en danger, et l'on vit surgir, comme
par enchantement, ces terribles bataillons
qui, joignant l'enthousiasme au courage, firent des prodiges inouis jusqu'alors. La Haute-
Loire ne fut point étrangère à ce sublime

élan, elle aussi envoya ses bataillons, qui plus tard devaient se couvrir de tant de gloire. Un jeune sergent-major s'y faisait remarquer par son courage et son ardeur à défendre la cause nationale, c'était Mouton. Dans l'espace d'un an, le jeune sergent franchit tous les grades jusqu'à celui de capitaine ; il avait alors 24 ans, et ce fut en cette qualité qu'il assista au fameux siège de Toulon. Lutte terrible, et d'autant plus sanglante que les républicains s'efforcèrent, par leur courage, de relever le nom français, avili par les traîtres qui avaient livré cette ville aux perfides Anglais.

Quand l'immortelle campagne d'Italie s'ouvrit, le capitaine Mouton commandait une compagnie de grenadiers de la 75e demi-brigade. Il faisait donc partie de cette invincible armée dont le commandement avait été confié à l'homme qui devait, un jour, tenir entre ses mains les destinées du monde entier.

Notre compatriote se fit une large part dans la gloire que s'acquit alors le nom français.

Le courage et l'opiniâtreté de Mouton avaient été remarqués dans maintes occasions par le Général en chef, qui souvent récompensait les vertus guerrières en leur fournissant l'occasion de se montrer dans tout leur éclat. A la sanglante bataille d'Arcole, un poste difficile à maintenir fut donc confié à Mouton, sur la chaussée de ce redoutable pont où trois fois nos colonnes vinrent se briser, et où tant de héros trouvèrent une si glorieuse mort. Là, fidèle à sa mission, le jeune capitaine, à la tête de sa compagnie, contint pendant longtemps à lui seul les efforts de l'ennemi. Cependant il fut bientôt réduit à une vingtaine d'hommes, tant le poste qu'il occupait etait exposé ; mais inébranlable comme le devoir, il ne quitta point pour cela la place qui lui avait été assignée. Bien plus, à la tête de cette poignée de soldats qui lui restaient, il disputa et arracha à l'ennemi, qui était sur le point de s'en emparer, une pièce de canon dont tous les canonniers avaient été tués, et qui se trouvait ainsi isolée. Le noble enfant du Puy serait sans doute mort à la rude tâche qui lui avait été imposée, s'il ne fut arrivé un secours à propos, qui le sauva en repoussant l'armée autrichienne. Alors seulement il se fit emporter du champ de bataille, et l'on sut que pendant tout le temps il avait combattu, bien que sa cuisse eût été horriblement fracturée par une balle, dès le moment où il avait pris position sur la chaussée du pont.

Nommé, dans l'intervalle de sa guérison, aide-de-camp du général Chambarlhac, également notre compatriote, Mouton prit part avec cet officier supérieur aux divers évènemens de cette campagne ; il se distingua dans toutes les affaires sérieuses, et eut dans plusieurs bulletins des mentions honorables. Non seulement il s'était fait remarquer par un courage à toute épreuve, mais encore il avait donné à ses supérieurs une haute idée de ses talens militaires. Il y avait en lui deux quali-

tés qui se trouvent rarement réunies dans le
même homme : l'intrépidité du bon soldat et
l'intelligence du grand capitaine.

Moreau, sous les ordres duquel il était en
1799, n'attendait qu'une circonstance favorable pour donner une récompense éclatante
à celui qui s'en était montré si digne. Cette
occasion devait se présenter naturellement à
la première rencontre avec l'ennemi. Elle s'offrit en effet le 4 novembre, jour de la mémorable bataille de Fossano.

La lutte était acharnée, sanglante, et la
victoire incertaine. Du milieu de la mêlée,
Mouton s'aperçoit que la faible troupe à laquelle
avait été confié un des postes les plus importans,
était sur le point de céder aux efforts de l'ennemi : se pénétrer du grand intérêt qu'il y
avait pour nous à conserver cette position,
rallier une cinquantaine de dragons isolés, se
mettre à leur tête, fondre avec impétuosité
sur le régiment d'Alvinzi, tuer de sa main le
major qui commandait la colonne ennemie,

faire plusieurs officiers prisonniers, et concourir ainsi puissamment au brillant succès de
cette journée, tel fut de notre compatriote le
beau fait d'armes, qui dans son exécution avait
été aussi rapide que la pensée qui l'avait
conçu. En reconnaissance de l'éclatant service que Mouton venait de rendre à l'armée,
le grade de chef de bataillon lui fut donné par
Moreau lui-même, sur le champ de bataille.

Telles étaient les actions d'éclat qui mar-
quaient les progrès de Mouton Duvernet dans
la carrière militaire.

Ce fut en sa nouvelle qualité de chef de
bataillon et d'aide de camp du général Garrau,
que Mouton fit partie de l'expédition mari-
time destinée au ravitaillement de Malte. A
bord du *Généreux*, il prit part au combat
que ce vaisseau eut à soutenir contre cinq bâ-
timens anglais de haut bord, qui l'avaient
surpris. Après une lutte des plus acharnées,
et dans laquelle le contre-amiral Perrée trouva
la mort, le *Généreux*, malgré ses efforts

inouis et désespérés, fut obligé de céder au nombre ; et tout ce qui restait de son équipage fut fait prisonnier, Mouton s'y trouvait.

Après une assez courte captivité, notre compatriote rentra en France, et fut aussitôt employé comme titulaire dans le 3e régiment de ligne, avec lequel il fit la mémorable campagne de 1805. C'est dans cette campagne qu'il fut promu au grade de major au 64e ; et le dix février de 1806, l'Empereur voulant lui témoigner sa satisfaction, lui donna le commandement du 63e régiment, l'un des plus beaux de l'armée. Il s'était alors réuni à la grande armée et fit avec elle les campagnes de 1806, 1807, 1808 et 1809 ; et c'est alors principalement qu'il donna les preuves de son savoir-faire dans l'art de la guerre. Mais bien qu'en lui la bravoure du soldat dût faire place désormais à la prudence de l'officier supérieur, il sut, par une conduite sage mais toujours courageuse, conquérir un des grades les plus honorables. Le 5 février de 1809, il fut fait

colonel-major dans le 1er régiment de chasseurs de la Garde : redoutable corps d'élite
dont le nom seul était un titre de gloire pour
celui qui en faisait partie, et qui avait reçu la
noble mission de décider pour nous le sort
des batailles, quand il planait un moment in-
certain.

En 1809, le colonel Mouton fut envoyé en
Espagne, pour faire une de ces guerres d'autant plus meurtrières que, prenant en ses
puissantes mains sa propre cause, un peuple
entier s'était soulevé pour défendre son indépendance. Là, comme en Italie et en Alle-
magne, l'enfant du Puy sut se faire distinguer
par sa noble conduite, et une nouvelle action
d'éclat vint donner un nouveau lustre à sa
gloire militaire.

Après la bataille qui eut lieu sous les murs
d'Uclès dans l'Arragon, Mouton, à la tête de
son régiment, se dirigea sur cette ville pour
en faire le siège. Mais son attaque inattendue
fut si impétueuse, qu'il l'enleva d'assaut, bien

3

qu'elle fût défendue par 8000 hommes. Non
content de ce succès, Mouton voyant que
l'ennemi se retirait et allait ainsi lui échap-
per, réunit aussitôt sept ou huit officiers montés et autant de dragons isolés, gagne avec
eux une colonne de 4000 hommes qui fuyaient,
en longe le flanc malgré son feu soutenu et,
arrivé à la tête de cette même colonne, em-
porté par l'ardeur du combat, il fond sur elle
et pénètre jusques dans son centre. Là une
lutte des plus acharnées a lieu, Mouton fait
un horrible carnage autour de lui, tue plusieurs officiers, et par un dernier acte de
vigueur, arrache un drapeau à l'ennemi. Cependant le nombre allait l'emporter, quand
son régiment ainsi que la division à laquelle il
appartenait furent envoyés à son secours, et
en présence de ces forces imposantes, les
4000 hommes, arrêtés un moment par une
quinzaine de Français, furent obligés de mettre bas les armes (1).

(1) Ce fait, quelque extraordinaire qu'il puisse paraître,

Le 21 juillet de 1811, Duvernet fut fait
adjudant général de la Garde, et le 4 août
1813 il était général de division. Ce fut
en cette qualité qu'il commanda provisoirement une division de la jeune Garde. Pendant
l'armistice qui précéda la bataille de Dresde,
voulant encore utiliser le moment du repos,
il employa toute son activité à porter cette
division de jeune Garde au grand complet, et
il réussit à l'établir sur un pied de discipline
et d'instruction tel, qu'elle fit l'admiration
de l'armée entière. L'Empereur lui-même,
frappé d'un changement aussi remarquable
dans ce corps, ordonna l'organisation d'une
division composée de diverses troupes d'élite,
et il forma ainsi la 64e division, qui fut immédiatement mise sous les ordres de notre compatriote.

C'est dans cette mémorable campagne de

est consigné dans les bulletins de l'époque, dans un ouvrage qui a pour titre : *Le Temple de la Gloire*, et enfin
dans les états de service du Général.

1813, où l'on vit de si grands dévoûmens à
côté de si lâches défections, que Mouton se
montre sous un nouveau jour. Sa bravoure, sa
fidélité, son intelligence sont connues. L'Empereur sait qu'il ne compromettra jamais le
salut de l'armée, et l'honneur du nom français.
Dès-lors de grands intérêts sont mis entre ses
mains en toute confiance. Ainsi, après la bataille de Dresde, Napoléon étant arrivé sur la
frontière de la Bohème et voulant pénétrer dans
cette province, fait appeler Mouton pour lui
communiquer son projet. A genoux sur l'immense carte géographique qui était déployée
sur le sol, l'Empereur indiquait du doigt au
Général une route qui était tracée sur la carte,
et qu'il voulait qu'on suivît ; Mouton affirme
que cette route n'existait point, et après un
moment de doute, l'œil exercé du général
l'emportant sur le compas du géographe dans
l'esprit de l'Empereur, Mouton fut abandonné
à lui-même, avec la faculté d'agir comme il
l'entendrait.

Dans une affaire où plusieurs corps d'armées avaient été compromis par le désaccord
qui régnait dans les dispositions prises par
quelques généraux en chef, Mouton, à qui
avait été confiée la défense du fort Kœnistein,
envoie demander à Napoléon comment il doit
agir dans une circonstance aussi difficile :
« Dites au Général, répond Bonaparte, qu'il
» se maintienne dans le fort, et que sa con-
» duite lui soit tracée par les circonstances,
» car je compte sur lui. »

Telle était l'opinion que s'était faite de
notre compatriote celui dont le jugement était
infaillible, toutes les fois qu'il s'agissait d'apprécier les hommes.

Mouton eut une large place dans les bulletins de cette campagne, si brillante et si
désastreuse. Il reçut plusieurs blessures et
eut plusieurs chevaux tués sous lui. C'est
dans cette année qu'il fut fait lieutenant-
général et chevalier de la Couronne de fer. Et
c'est alors qu'il vint prendre place parmi toutes

ces belles réputations guerrières, brillans sa-
tellites du grand météore de cette époque.

Les désastres qui avaient terminé d'une
manière si déplorable pour la France cette
campagne de 1813, avaient amené la capitulation de Dresde. Mais par une violation des
plus honteuses du traité qui eut lieu, les
troupes françaises qui se trouvaient en marche
pour la France furent arrêtées, désarmées,
déclarées prisonnières de guerre et envoyées
dans les provinces lointaines de la domination
autrichienne.

Mouton, au nombre des victimes de cette
violation du droit des gens, fut envoyé en
Hongrie, où il était tenu captif quand les évènemens de 1814 s'accomplirent.

Dans le traité du 23 avril, passé entre le
comte d'Artois et les puissances étrangères, il
était dit que les prisonniers seraient remis de
part et d'autre.

Mouton profita de cette disposition pour
rentrer en France.

Si d'un côté la Nation était lasse du despotisme et de la conscription, d'un autre côté il tardait aux hauts dignitaires de l'armée de jouir des honneurs et de la fortune qu'ils avaient acquis par de longs et pénibles travaux. Ce fut donc en présence de la satisfaction générale du pays, qui espérait beaucoup des Bourbons, et à l'exemple de tous les maréchaux de France, tels que Moncey, Berthier, Ney, Macdonald, et autres, qui étaient allés au-devant de Louis XVIII, que le lieutenant-général Mouton vint faire sa soumission au nouveau roi.

Quelque temps après Mouton fut fait chevalier de Saint-Louis, et sur la demande qu'il fit d'être mis en activité de service, il fut nommé, le 15 janvier 1815, au commandement de la 2e subdivision, dans la 7e division militaire ; et le 6 février il arriva à Valence, qui était le siège du quartier général de son commandement.

Depuis à peu près un mois, Mouton était

installé dans son nouvel emploi, quand eut
lieu un évènement inattendu, mais que des
esprits clairvoyans pouvaient prévoir.

Les promesses du comte d'Artois étaient
restées sans effet ; Louis XVIII s'était entouré
d'hommes réactionnaires qui voulaient faire
revivre un passé désormais impossible, et
avait ainsi choqué les idées progressives du
peuple, et froissé les sympathies de l'armée. L'armée surtout était abreuvée de dé-
goûts, et sentait qu'elle avait perdu sa haute
position en perdant son chef. Le moment était
donc favorable à Napoléon pour ressaisir le
pouvoir qui lui avait échappé : aussi, l'aigle
impérial déployant ses puissantes ailes, vint
s'abattre sur le sol français, en poussant un
cri dont l'Europe entière retentit. Napoléon
débarquait en effet sur la plage de Cannes, et
cette nouvelle, aussi rapide que la pensée,
parcourut aussitôt tout le royaume.

En l'apprenant, le général Mouton se rappela avant tout qu'il avait prêté serment de

fidélité à Louis XVIII. En conséquence, il prit
aussitôt toutes les mesures d'ordre que la circonstance exigeait. Il adressa une proclamation
aux gardes nationaux des départemens de la
Drôme et des Hautes-Alpes, dans laquelle
il leur disait que le séjour de Bonaparte en
France ne pouvait et ne devait attirer que
des maux incalculables, et il terminait ainsi :
« Militaires de tout grade, autorités civiles,
» hommes de toutes classes, nous ferons tous
» ici notre devoir. » Il prescrivit ensuite aux
généraux qui commandaient les mêmes départemens des rassemblemens sur les points
les plus importans, et, convaincu que Die
était la position la plus favorable pour arrêter
Bonaparte, il se dirigea immédiatement sur
cette ville, accompagné de deux cents hommes montés, du 2e d'artillerie à cheval, et de
deux pièces de canon. Il prenait ces dispositions, lorsqu'il reçut l'avis que le ministre de
la guerre venait de lui faire parvenir, à Valence, une dépêche de la plus haute impor-

4

tance. Il s'y rendit aussitôt pour en prendre connaissance. Une dépêche en effet l'attendait, qui lui apprenait l'arrivée du comte d'Artois à Lyon, et qui lui annonçait que plus tard il recevrait des ordres. Aussitôt Mouton quitta Die pour se rendre à Grenoble, et s'entendre avec le général Marchand sur les moyens à prendre pour arrêter la marche de Bonaparte. Après une assez courte conférence, il se disposait à repartir pour Die, quand il reçut, le même jour, deux missives bien différentes. L'une, comme le lui avait annoncé la dépêche, lui portait l'ordre de se rendre à Lyon ; l'autre était une lettre du général Bertrand, grand-maréchal de l'Empereur : elle lui apprenait que Bonaparte était à Grenoble, et son ancien compagnon d'armes lui disait : « S. M. désire que vous vous rendiez à Grenoble ; elle compte sur un des généraux de sa vieille Garde. »

Quiconque s'est trouvé placé dans la triste alternative d'opter entre le cœur ou la conscience, entre le devoir ou l'affection, comprendra tout ce qu'il y avait de difficile dans la position de Mouton. D'un côté c'était Bonaparte qui faisait un appel à la fidélité de celui qu'il avait fait général de sa Garde; d'un autre côté, c'étaient les Bourbons qui rappelaient à ce même homme son serment et qui réclamaient son obéissance. Ici, c'était le héros de la grande épopée des temps modernes, avec ses formes colossales et son auréole de gloire, qui apparaissait au vieux soldat de l'Empire, et lui promettait encore pour lui et son pays grandeur et puissance. Là c'était une lourde et tremblante royauté, hissée à grand peine par toutes les forces de l'Europe sur le trône vermoulu des Capets : puissance illusoire, qui avait été obligée d'abandonner à l'étranger le fruit de quinze années de victoire, et qui, par le traité du 23 avril, avait laissé humilier notre belle France. Certes, placé dans une pareille alternative, un cœur vraiment français pouvait hésiter un moment. Cependant

*

Mouton exécuta les ordres contenus dans la dépêche ministérielle et se rendit à Lyon pour y trouver le comte d'Artois. Arrivé dans un des faubourg de cette ville, le faubourg de la Guillotière, Mouton se trouva au milieu d'une population immense, qui attendait avec impatience l'arrivée de Bonaparte. Reconnu par quelques soldats, il fut arraché de sa voiture, placé sur un cheval de dragon qui se trouvait à côté de lui et, entraîné par le flot populaire, il fut porté jusqu'à Lyon. Arrivé dans cette ville, il vit que les couleurs nationales avaient été substituées aux lys; il apprit que le passage de Bonaparte, depuis Cannes jusqu'à Lyon, n'avait été qu'une longue ovation, que partout les populations l'avaient reçu au cri de *Vive l'Empereur!* que des régimens entiers s'étaient joints à lui, et que les habitans de Grenoble, qui étaient allés à sa rencontre, n'ayant pu lui apporter les clefs de leur ville, lui en avaient apporté les portes brisées. Là il apprit encore que le matin

même le comte d'Artois avait passé une revue
dans Lyon, qu'effrayé du silence qui l'environ-
nait, il avait dit en s'adressant à un dragon :
Allons, mon ami, crie donc *Vive le Roi!*
et que celui-ci avait répondu : Non, Mon-
sieur, aucun soldat ne combattra contre son
père ; je ne puis vous répondre qu'en disant :
Vive l'Empereur ! qu'à cette énergique
protestation le comte d'Artois s'était écrié :
Tout est perdu ! et qu'il avait quitté Lyon
en toute hâte, escorté d'un seul gendarme.
Les notabilités de toutes les classes de la
seconde ville du royaume s'etaient rassem-
blées pour recevoir l'Empereur ; un nombreux état-major se disposait à aller au-devant
de lui, Mouton s'y joignit. Tout n'était-il pas
perdu pour la famille des Bourbons ? Le
comte d'Artois en fuyant Lyon ne l'avait-il
pas reconnu lui-même ? Le peuple proclamait
l'Empereur ; la guerre civile menaçait encore
notre malheureuse patrie. Mouton, avant tout,
était le soldat de la nation ; en agissant ainsi

il ne prêtait point son appui à la révolte, car
tout s'était fait sans lui, il venait seulement
sanctionner un fait accompli. Il alla donc au-
devant de Bonaparte. Celui-ci, qui connaissait
toute la conduite de Mouton, lui fit quelques
légers reproches sur ce qu'il appelait ses hé-
sitations, il lui parla presqu'en termes sévères
de la proclamation qu'il avait adressée aux habitans de la Drôme et des Hautes-Alpes, et il
termina cet entretien par une de ces caresses
de la main, qui étaient si familières à Bonaparte, et qui toujours subjugaient ceux auxquels elles s'adressaient.

Le lendemain, tandis que l'aigle impérial
continuait son vol rapide, Mouton partit de son
chef pour Grenoble, ainsi que pour plusieurs
autres départemens, afin de calmer les esprits
et étouffer ainsi tout germe de guerre civile. Il
était occupé à remplir cette mission de pacifi-
cateur, quand, le 23 mars, tandis que le Conseil d'état et la Cour de cassation présentaient
à Sa Majesté l'Empereur une adresse qui ap-

prouvait sa conduite, Louis XVIII sortait de Lille et fuyait une seconde fois la France. Cette date est à remarquer, parce qu'il n'y avait que les faits qui lui étaient antérieurs, qui pouvaient plus tard être invoqués contre Mouton.

Le 28 mars, le Général vint rendre compte lui-même de sa conduite au Ministre de la guerre : et à cet effet, il présenta un rapport remarquable, qui faisait parfaitement connaître l'état des départemens qu'il avait parcourus.

Mais au milieu de toutes ces préoccupations, notre compatriote n'oubliait pas sa ville natale. Informé, pendant son séjour à Paris, que notre département avait été représenté à l'Empereur comme en pleine insurrection, il en sollicita avec instance le commandement, et bien qu'on en eût disposé en faveur d'un officier général, dont la sévérité était connue, il réussit cependant à obtenir des lettres de service pour la Haute-Loire. Il se disposait à venir directement au Puy, quand d'autres évènemens l'arrêtèrent à Lyon.

En passant par cette ville, il était allé faire une visite au général Grouchy. Celui-ci lui fit aussitôt part de l'embarras dans lequel le mettait la marche du duc d'Angoulême, qui se dirigeait sur Lyon : marche, disait-il, à laquelle il ne pouvait opposer aucun obstacle, par suite des manœuvres que les partisans des Bourbons mettaient en jeu. Le général Grouchy reculait devant l'idée d'employer des moyens extrêmes, quand Mouton, qui connaissait parfaitement l'esprit de la population lyonnaise, et en présence surtout de l'imminence du danger, crut devoir proposer au Général la mise en état de siège de la place. Une pareille mesure répugnait à Grouchy ; cependant, après une longue hésitation, il y consentit, mais à la condition que Mouton prendrait lui-même le commandement supérieur de la ville. Mouton, chez qui le sentiment patriotique était plus puissant que toutes les considérations personnelles, accepta cette responsabilité, et Lyon fut mis en état de

siège. Aussitôt il fit un appel aux officiers de
tout grade, à la garde nationale et aux élèves
de l'école vétérinaire, qui tous s'empressèrent
d'y répondre. Le 3 avril, Mouton avait pris le
commandement de Lyon, et le 7 du même
mois 7000 hommes s'embarquaient pour mar-
cher contre les insurgés. C'est ainsi que
notre compatriote préserva des horreurs de la
guerre civile cette malheureuse cité, qui en
fut si souvent la victime.

Après avoir ainsi couru là où le danger
l'appelait, et après l'avoir éloigné par son
activité et sa fermeté, Mouton se rendit au
Puy. Il y arriva le 13 avril, et fut reçu par
ses compatriotes avec tous les honneurs dus
à son rang et à son mérite. Pour lui donner
une marque de son estime et de ses sympathies, la garde nationale lui offrit un banquet, dans lequel des toasts nombreux furent
portés à l'enfant du Puy.

Après les premiers momens, consacrés en
quelque sorte à des réjouissances de famille,

5

Mouton s'empressa de s'occuper de l'objet de sa mission. Il commença par adresser une proclamation à tous les officiers, sous-officiers et soldats retraités, pour qu'ils eussent à venir se ranger sous les drapeaux. Il sévit avec vigueur contre les perturbateurs, qui voulaient profiter du désordre qu'entraînait le passage continuel des troupes dans notre département, et il obtint, par une conduite aussi sage que ferme, les résultats qu'il s'était promis : c'est-à-dire, des soldats pour la patrie et la tranquillité pour son pays natal.

Ces succès obtenus par Mouton dans toutes les missions qui lui avaient été confiées, lui en valurent une qui, par son importance, faisait connaître la haute confiance qu'il avait inspirée au Gouvernement. Du Puy il fut envoyé à Marseille, qui était alors le centre du mouvement insurrectionnel, pour y organiser la garde nationale et étouffer ainsi la révolte dans son foyer le plus actif. Là comme à Grenoble, à Lyon et au Puy, il sut rétablir le calme et l'ordre, et il ne quitta Marseille que pour aller reprendre le commandement de Lyon et lutter contre de nouveaux dangers.

Déja on parlait d'une seconde invasion, car depuis le 7 mai la fédération étrangère était organisée. Mouton, qui était jaloux de conserver l'honneur national, ne vit et ne devait voir dans les armées de la Sainte-Alliance que des ennemis à combattre. Aussitôt il adressa une proclamation aux Lyonnais, dans laquelle il leur disait : « Citoyens, naguère, » au premier cri d'alarme vous étiez debout, » et l'Isère délivrée vit, en deux jours, sur » ses rives la tête de vos bataillons. A vous » encore appartient l'honneur de concourir » puissamment à repousser, non plus des » Français, mais l'étranger. » Les Lyonnais répondirent à cet appel, fait au nom de la patrie en danger, en s'organisant aussitôt pour opposer une résistance acharnée à l'ennemi commun.

C'est dans ces dispositions que Mouton

laissa la ville de Lyon, pour se rendre à l'assemblée des représentans, et remplir le mandat qui lui avait été confié par sa ville natale.

Là encore il sut s'élever à la hauteur de ses nouvelles fonctions, et il se montra le digne représentant de ses concitoyens.

Lorsqu'il vint prendre place sur les bancs de la chambre législative, des questions de la plus haute gravité y étaient agitées, par suite des grands évènemens qui s'étaient accomplis. La sanglante bataille de Waterloo, qui n'avait eu rien d'humiliant pour la gloire des armées françaises, mais qui devait exercer une si funeste influence sur les destinées du pays, avait eu lieu. Napoléon venait d'abdiquer en faveur de son fils, et l'ennemi franchissait une seconde fois nos frontières. En présence de tant de difficultés, et devant un péril aussi imminent, il fallait d'abord penser à repousser l'ennemi.

Dans la séance du 22 juin, la proposition

fut faite par plusieurs membres de l'assemblée, de déclarer que la guerre était nationale, et Manuel, qui appuyait cette proposition, s'était écrié : « Dites à la France que
» tout citoyen en état de porter les armes est
» appelé à la défense de la patrie ; annoncez
» à l'Europe que pour maintenir votre indé-
» pendance, il n'est pas de sacrifice auquel
» les Français ne soient prêts. » Mais la
chambre semblait douter de l'efficacité de ce
moyen, qui avait été déjà employé, au nom
du pays, au profit de l'ambition d'un seul
homme. Elle craignait que la nation fatiguée
et épuisée ne répondît point à cet appel. Pour
relever son courage, Mouton monte à la tribune : il fait connaître à la chambre combien
la France est encore puissante, combien ses
soldats sont nombreux ; et il parle avec enthousiasme des derniers succès du maréchal
Suchet dans la Maurienne et la Tarentaise.
Quant à l'intérieur et aux dispositions de la
population, « J'arrive, dit-il, de Lyon, et j'y

ai laissé 12 bataillons équipés et 15 autres qui étaient sur le point de l'être. La garde nationale est à ses postes, et les choses sont dans un état tel, que pour prendre Lyon il faudrait un siège en règle. » Il dit encore qu'il a passé une revue de la garde nationale de Marseille, qu'elle a prêté avec enthousiasme le serment de fidélité, et qu'il a entendu les gardes nationaux dire en le quittant : Nous sommes français, et si l'ennemi se présente nous saurons le combattre. Ces faits, rapportés avec la simplicité énergique du soldat, provoquent de nombreux applaudissemens dans l'assemblée ; la proposition soutenue par Mouton est aussitôt mise aux voix et acceptée à l'unanimité ; et la guerre qui va commencer est déclarée guerre nationale.

Si les représentans avaient accepté l'abdication de Bonaparte d'un commun accord, ils étaient loin de s'entendre sur ce qui devait lui succéder. Quelques-uns pensaient timidement à la possibilité d'une seconde restauration ;

d'autres, adorateurs ardens de la liberté, es-
péraient que son culte allait être proclamé par
une nouvelle forme de gouvernement ; il en
était, enfin, et c'était le plus grand nombre,
qui, invoquant les constitutions de l'Empire,
voyaient dans le fils de Napoléon un succes-
seur légitime. Mouton était de ces derniers.

Dans la séance du 23, plusieurs membres
demandèrent que Napoléon II fût proclamé
par l'assemblée des représentans. Cette proposition, qui soulevait une question palpi-
tante, attira un grand nombre d'orateurs à la
tribune. Mouton, se préoccupant avant tout
de l'honneur du pays, pensait, et peut-être
avec raison, que, dans ces momens difficiles,
à la veille de voir l'étranger mettre de nouveau le pied dans la capitale, il était bon
d'employer encore, pour sauver la patrie, la
puissance magique attachée au nom de l'Empereur. Il monte donc à la tribune et dit,
avec ce laconisme du soldat impatient d'agir :
« Je ne suis point orateur, je suis soldat :

» l'ennemi marche sur Paris, il faut que
» vous ayez des armées à lui opposer. Pro-
» clamez Napoléon II Empereur des Fran-
» çais : à ce nom, il n'y a pas un citoyen
» qui ne s'arme, depuis le canon jusqu'à
» l'épingle, pour défendre l'indépendance
» nationale. A ce nom, la France sentira re-
» naître son courage, si un moment il lui
» faisait défaut, et croira toujours avoir pour
» elle le génie des batailles. » Et dans la
même séance, le fils de Napoléon fut proclamé Empereur.

Mouton, dans plusieurs autres circonstances, prit la parole, et son langage releva
souvent le courage abattu des représentans.

Des bruits fàcheux de désertion et de
défection dans l'armée du Nord s'étaient ré-
pandus dans la population. Le Gouvernement
voulant connaître la vérité, envoya Mouton
et l'inspecteur Odier pour éclaircir ce fait,
qui avait une certaine gravité. Sa mission étant
remplie, Mouton vint en rendre compte lui-

même à la chambre. « J'ai trouvé partout, dit-
il, des soldats qui me demandaient pour qui ils
devaient se battre, puisque l'Empereur n'existait plus. Je leur ai répondu que la patrie
existait toujours, que plus que jamais elle
avait besoin de leur secours. Je leur ai rap-
pelé leur ancienne gloire, et ces paroles ont
trouvé de l'écho dans leur cœur. Rien n'est
désespéré, s'écrie Mouton en terminant, il
faut connaître comme moi le soldat français,
pour savoir tout ce qu'il y a de ressources dans
sa bravoure et son amour pour la patrie. »

Cependant l'ennemi était aux portes de
Paris, et l'on parlait déjà de capitulation. Le
général Andreossy, gouverneur de cette ville,
et le général Lafayette avaient été envoyés en
qualité de commissaires auprès des armées
étrangères. Mouton fut pourvu provisoirement
du gouvernement de la capitale. Il occupait
ce poste éminent lorsque la capitulation du
3 juillet fut signée. Le même jour, Mouton
fut mandé auprès des membres du Gouverne-

6

ment provisoire, qui lui donnèrent l'ordre d'aller reprendre le commandement de la seconde ville du royaume. Aussitôt cet ordre reçu, le Général se rendit à la chambre des représentans et prit congé d'elle en ces termes : « Je ne vous ferai pas de serment ; ne » sont-ils pas tous faits ! Si je puis contribuer » à faire respecter l'indépendance nationale, » je serai trop heureux ; si non, je saurai » mourir, et l'on ne me verra point me » déshonorer. » Et le même jour il partit pour Lyon.

Arrivé dans cette ville, Mouton s'empressa d'adresser une proclamation à ses habitans. « Citoyens, leur disait-il, montrez une contenance ferme qui puisse contribuer à obtenir une paix digne des efforts glorieux que la nation fait depuis 25 années. Je remplirai fidèlement tous les devoirs qui me seront imposés par la force des circonstances, l'amour de la liberté et l'indépendance de mon pays. La conduite courageuse du Gouvernement et

des chambres, leur résolution de remplir dignement le mandat qu'ils ont reçu, garantit le
succès de la plus noble de toutes les résis-
tances. »

Lorsque Mouton adressait ces paroles patriotiques aux Lyonnais, il ignorait que
Louis XVIII était rentré dans Paris, que cette
ville était occupée par les armées de la coali-
tion, et que l'évacuation des troupes s'effec-
tuait en exécution de l'art. 2 de la convention du 3 juillet. Mais du moment qu'il connut
les changemens survenus dans la journée du
8, il comprit que toute résistance devenait
inutile et ne pouvait avoir pour résultat que
la guerre civile. Il ne lui restait donc plus
qu'à suivre l'exemple que lui avait donné la
capitale, et c'est ce qu'il fit.

Le comte Bubna, commandant en chef
l'armée autrichienne, avait son quartier général au faubourg de la Guillotière. Des commissaires lui furent envoyés pour traiter d'une
convention établie sur les bases de celles de

Paris. Un armistice eut lieu à cet effet, la convention fut conclue, et Lyon capitula le 11 du même mois.

Le lendemain, Mouton alla faire une visite au général autrichien, qui l'accueillit avec déférence et le remercia surtout sur la belle conduite qu'il avait tenue pendant ces jours difficiles. En effet, des commissaires autrichiens avaient été désignés pour procéder à la rédaction de la capitulation, et lorsqu'ils se disposaient à sortir de Lyon, la population en effervescence avait voulu les égorger. Mouton n'écoutant que sa loyauté et son courage, était parvenu à les arracher des mains de ces forcenés, en bravant les plus grands dangers pour lui-même.

Le général Bubna fit au général français les offres les plus obligeantes, et Mouton, prévoyant les difficultés dans lesquelles il allait se trouver placé, crut devoir demander des passeports pour l'étranger. Le lendemain ces passeports lui furent expédiés, accompagnés d'une lettre du général autrichien, pleine de bienveillance pour lui.

Une partie des troupes françaises qui occupaient Lyon avant la capitulation ayant été dirigée, pour opérer l'évacuation, sur Montbrison, cette ville devint le théâtre de désordres assez graves pour nécessiter la présence du général Mouton. Il s'y rendit en effet, et le calme fut bientôt rétabli.

Il était sur le point de retourner à Lyon quand un officier vint lui apprendre qu'il était porté sur l'ordonnance du Roi du 24 juillet, et traduit devant un Conseil de guerre. Le Général reçut cette nouvelle avec calme et tranquillité, et après en avoir pris connaissance, il se contenta de dire : « Je n'ai rien à me reprocher, je me présenterai sans crainte devant le Conseil de guerre. » Aussitôt il écrivit au Préfet de la Loire et au Ministre de la guerre, qu'il se démettait du commandement de la 19e division, et qu'il se constituerait prisonnier. Mouton, généralement

aimé, reçut le jour même de nombreuses
visites, et plusieurs de ses officiers vinrent
lui proposer de protéger et faciliter sa fuite.
Mais le Général refusa leur offre, en disant
qu'il fallait une soumission entière aux ordres
du Roi, et qu'il allait, le premier, leur en
donner l'exemple. Cependant les effets immé-
diats de la réaction étaient à redouter;
Mouton fit part de ses craintes à M. de Meaux
chez lequel il était logé et qui était alors
maire de Montbrison; M. de Meaux non-
seulement les partagea, mais encore pour le
mettre à l'abri de toutes poursuites, lui offrit
un asile chez lui. Duvernet accepta l'offre
qui lui était faite d'une manière si franche,
et cela dans un double but : d'abord, pour
attendre que le calme se fît dans les esprits,
puis, pour préparer les moyens qui devaient
servir à sa justification. C'est ce qu'il écrivait
à M. Martin, son ami le plus dévoué, et à la
mémoire duquel je dois tant de documens
précieux. Par une lettre du 29 juillet 1815,

il lui disait : « Pour me soustraire à l'esprit de
parti, et au premier moment de la prévention,
je vais m'éloigner. Vous m'accuserez peut-
être de manque de confiance, mais il est des
positions dans la vie où, pour ne pas compro-
mettre un ami dévoué, il vaut mieux paraître
ingrat. Soyez tranquille sur la conduite que je
vais tenir, elle sera toujours celle d'un honnête
homme. » Dans une autre lettre il lui disait
encore : « Je n'ai pu tenir au déshonneur
qui semblait s'attacher à moi : passer dans
l'opinion publique pour un conspirateur, un
chef de parti, jamais je n'accepterai une
pareille position, aussi ai-je éprouvé le puissant
besoin de me réhabiliter vis-à-vis de mes concitoyens. Je n'ai donc pas hésité un moment
pour prendre le parti que j'ai pris. Dieu fera
le reste. » Duvernet promit sur l'honneur de
remplir l'engagement qu'il contractait de se
constituer prisonnier, et asile lui fut donné.

Mouton était l'enfant de la révolution, le
soldat de la République et de l'Empire ;

M. de Meaux au contraire était voué à la
cause des Bourbons. Ainsi placés, il fallait
que ces deux hommes eussent mutuellement
une bien haute idée de la noblesse de leurs
sentimens, pour que dans ces momens de
réaction, où les esprits étaient en effervescence, le vaincu vînt chercher un asyle chez
le vainqueur ; et que ce dernier ne demandât
d'autres garanties pour l'exécution de la pro-
messe faite par son prisonnier, dont la tête
était mise à prix, que sa simple parole. Mouton ne resta point au-dessous de celui qui
lui donnait si noblement l'hospitalité. On se
rappelle que le général autrichien Bubna lui
avait remis des passeports pour l'étranger ;
voulant faire apprécier la valeur de sa parole,
il les brûla devant son hôte. Noble assaut de
générosité qui rehausse l'humanité à ses
propres yeux.

Mais si Dieu a quelquefois permis à l'homme
de s'élever presque jusques à lui par les
nobles élans de son cœur, on dirait qu'il a

voulu aussi lui faire sentir toute son *infimité*, en lui montrant jusqu'à quel degré d'avilissement il peut tomber.

La tête de Mouton avait été mise à prix, et une somme de trois mille francs était promise à celui qui la livrerait au bourreau. Une fille de service de M. de Meaux connaissait l'asyle donné au Général. Cette fille s'absenta pendant quelque temps de chez son maître pour aller voir un frère à elle, et lui confia le secret dont elle était dépositaire. Quelques jours après, ce frère se trouvant à la chasse avec un nommé Pointel, son compagnon d'habitude, eut l'insigne faiblesse de lui faire connaître, comptant sur sa discrétion, la retraite du Général. Pointel, séduit par l'appât du gain, eut bientôt transigé avec l'honneur et la conscience, et poussé par le plus vil de tous les sentimens, il s'empressa d'apporter la tête de Mouton, en échange de laquelle il reçut la somme promise.

C'est faire bien peu de cas de la moralité

7

d'une nation que de donner ainsi, pour satisfaire une vengeance privée, une prime d'en-
couragement à la cupidité des citoyens et à la
délation.

Victime comme séducteur, l'un et l'autre,
dans pareille circonstance, sont dignes de tout
le mépris d'un honnête homme.

Cette circonstance avança l'époque à laquelle Mouton devait se constituer prisonnier.
Voyant que sa retraite était connue, il se présenta le 14 mars 1816 à M. Tassier de Non-
neville, alors Préfet du département de la
Loire. Il lui fut donné momentanément pour
prison, un appartement dans l'hôtel de la pré-
fecture, et une sentinelle prise parmi les gardes
nationaux à cheval du département, fut placée
à la porte de la chambre où il couchait.

Là encore, un nouvel acte de dévoûment
vint prouver combien Mouton inspirait de
l'intérêt. Pendant la nuit, M*** étant de
faction vers les 11 heures, appelle le Général et lui fait connaître tout le danger de

sa position; il lui dit qu'il s'est mis en mesure
de le sauver, que des chevaux tout prêts
l'attendent, qu'il n'a plus qu'à fuir, et en
même temps il lui offre tout l'argent nécessaire
pour son évasion. Mouton refusa tout, en
remerciant avec effusion son généreux pro-
tecteur, tant il se sentait fort de son innocence.

Le lendemain le Général fut transféré dans
la prison de Roanne à Lyon, où il subit plusieurs interrogatoires, et l'instruction prépara-
toire étant terminée, les débats s'ouvrirent le
15 juillet suivant.

Le Conseil de guerre était présidé par M. le
baron d'Armagnac, lieutenant-général; parmi
les juges on remarquait le comte de Coutard,
lieutenant-général; le vicomte de Briche,
lieutenant-général; le marquis de Castelbajac,
colonel de chasseurs. M. le marquis de St-
Paulet remplissait les fonctions de rapporteur,
et M. de Haille, celles de commissaire du
Roi. Les avocats du Général étaient MM. Marnas et Passet.

La séance du 15 fut consacrée à la pro-
duction des pièces à charge, qui avaient pour
but d'établir la trahison et la rébellion du
général Mouton. D'après l'art. 1er de l'ordonnance du 28 juillet 1816, il n'y avait que
les faits antérieurs au 23 mars 1815 qui
pussent être retenus par l'accusation.

La pensée du Roi était donc de punir
ceux qui avaient facilité et protégé la rentrée
de Bonaparte en France, mais de passer sous
silence tous les faits qui s'étaient accomplis
sous le gouvernement de ce dernier; cependant grand nombre de pièces postérieures au
23 mars furent produites pour concourir, avec
celles qui étaient antérieures à cette même
date, à aggraver la position de Mouton; et ces
pièces comme les faits qui s'y rapportaient
furent invoqués plus tard par le rapporteur,
dans son réquisitoire.

Dans la séance du 16, les pièces à décharge
furent produites et des témoins furent enten-
dus. Un grand nombre s'étaient présentés

d'eux-mêmes, soit par gratitude, en réminis-
cence des services que le Général avait rendus,
soit parce qu'ils étaient touchés de cette grande
infortune. Parmi les pièces justificatives on
en remarquait aussi plusieurs qui avaient été
envoyées de propos délibéré, et toujours dans
le but d'être utiles à Mouton. Ainsi, M. de
Choumouroux, maire alors d'Yssingeaux, écrivit au marquis de St-Paulet, rapporteur, une
lettre signée de lui et de ses adjoints, dans
laquelle il disait : « Nous avons appris que
» le général Mouton Duvernet allait sous peu
» être jugé : il aurait dû désigner la mairie
» d'Yssingeaux pour attester sa conduite dans
» la mission qu'il vint remplir dans le dépar-
» tement de la Haute-Loire. Il est certain
» que sans sa présence la ville aurait été
» pillée et incendiée. M. le curé, homme
» respectable, et plusieurs autres personnes
» distinguées lui doivent non-seulement la
» tranquillité, mais peut-être la vie. »
Madame la comtesse d'Albon fit une décla-

ration écrite, datée de Paris ; cette déclaration faisait connaître des faits qui mettaient au jour la générosité de Mouton et la noblesse de ses sentimens ; c'était à lui que son mari devait la vie.

Une autre déclaration signée par le maire de Montbrison, par ses adjoints et tous les membres du Conseil municipal fut encore produite dans les débats ; elle présentait de la manière la plus favorable la conduite du Général dans les journées des 14, 15 et 16 juillet, lors de l'évacuation des troupes qui occupaient Lyon. Hélas ! que pouvaient toutes ces déclarations contre une volonté puissante et bien arrêtée. Avant que l'arrêt de mort fût prononcé, les juges étaient accusés de lenteur, et le duc d'Angoulême était venu lui-même exprimer brutalement son désir, en demandant si on ne l'avait pas délivré de Mouton. Dans le cours des débats, le président reçut séance tenante une dépêche télégraphique ; que contenait-elle ? on l'ignore.

Ce qu'il y a de certain, c'est qu'après en avoir pris lecture, M. le Président éleva les yeux au ciel, comme s'il prenait Dieu à témoin du rôle passif qu'il remplissait dans ce drame sanglant.

Les séances des 17 et 18 furent encore consacrées à l'audition des témoins à décharge et à l'interrogatoire du Général. Le 17, à 9 heures du matin, le Président ordonne qu'on fasse venir l'accusé; après un moment d'attente, Mouton se présente accompagné d'une nombreuse escorte, s'avance, salue le Conseil et va prendre sa place. Il était vêtu d'un frac bleu, avec broderie seulement au collet et aux paremens des manches; il portait les épaulettes de son grade et ses décorations. Aux questions qui lui furent adressées par M. le Président sur ses noms, prénoms, âge, lieu de naissance et qualités, Mouton répondit : « Je me nomme Régis Mouton Duvernet; je » suis né en 1770, au Puy, que j'habitais » avant d'entrer au service. Mes titres sont : » Lieutenant-général, Commandeur de la Lé-

» gion-d'honneur, Chevalier de la Couronne
» de fer et Chevalier de St-Louis. »

L'interrogatoire roula d'abord sur les faits
antérieurs au 23 mars, et ces faits étaient
loin de constituer le crime de révolte et de
trahison.

En effet, il n'y avait point eu révolte, car
la révolte est la résistance à la force légale,
et Bonaparte avait pénétré jusqu'au centre
de la France sans obstacle et au milieu des
acclamations générales. En luttant contre lui,
Mouton provoquait la guerre civile; en ne le
faisant pas, il oubliait le serment qu'il avait
prêté à Louis XVIII, position difficile dont
ses juges auraient dû tenir compte.

Il y avait encore moins trahison, puisque,
à la rentrée de Napoléon, Mouton avait pris
toutes les mesures nécessaires pour l'arrêter
dans sa marche, et le mot trahison entraîne
après lui une idée de préméditation, qui n'avait
jamais existé dans l'esprit de notre compatriote, ses actes en sont la preuve.

Des questions furent aussi adressées au
Général sur les faits postérieurs au 23 mars,
contrairement à l'ordonnance du 24 juillet.
M. Passet opposa l'incompétence du Conseil,
et le Rapporteur déclara qu'il ne se servirait
dans son rapport de ces faits que comme
simples renseignemens.

L'interrogatoire étant terminé, le Général
demanda que la parole lui fût accordée, et
s'adressant aux membres du Conseil, il leur
dit d'une voix forte et accentuée : « Mes-
» sieurs, un vieux soldat qui depuis 30 ans
» a été exclusivement voué aux intérêts du
» pays, qui a versé son sang pour lui dans
» plusieurs occasions honorables pour le nom
» français, qui n'a jamais ambitionné qu'une
» mort glorieuse et utile au pays, qui fut
» tout à sa patrie, jamais à lui-même; ce
» vieux soldat est celui que l'ordonnance
» royale du 24 juillet appelle à venir se jus-
» tifier devant vous. C'est à vous donc qu'il
» vient, avec toute la franchise qui caracté-

8

» rise l'homme familiarisé avec le danger,
» vous faire connaître sa conduite et son
» cœur. » Puis entrant dans l'examen de
quelques faits importans de la cause, il les
montra, sans rien dissimuler, sous leur véri-
table jour.

Le 18, le comte d'Albon, maréchal-de-
camp des armées du Roi et membre de la
chambre des députés, vint confirmer la déclaration écrite de son épouse.

Le comte de Lorencin déposa aussi sur le
service qu'il avait reçu du Général. Mouton
l'avait fait prévenir de l'ordre qu'il avait reçu
de l'arrêter, et n'avait mis cet ordre à exécution que lorsqu'il avait eu la certitude de sa
fuite.

M. Maragon, négociant à Lyon, rapporta,
les larmes aux yeux, que c'était au Général
qu'il devait la vie ; que des soldats furieux
s'étaient emparés de lui, qu'il avait été horriblement maltraité, et que Mouton l'avait
sauvé en exposant ses propres jours.

Madame Bochage qui s'était présentée volon-
tairement, vint encore dire qu'au moment où
des forcenés avaient mis la main sur un
ecclésiastique pour le jeter dans le Rhône,
Mouton, au risque de subir le même sort,
l'avait arraché de leurs mains.

Tous ces faits tendaient à établir que
notre compatriote n'avait jamais participé à
ces atroces réactions des partis, et qu'il
s'était toujours montré noble et généreux.

Le lendemain 19, après l'audition de quelques autres témoins, le Rapporteur fut invité
par le Président à faire son rapport et donner
ses conclusions.

Le rapport de M. de St-Paulet fut un
réquisitoire passionné et quelquefois injuste.
Les faits y étaient souvent dénaturés, et contrairement à l'engagement qu'il avait pris de
n'invoquer ceux postérieurs au 23 mars qu'à
titre de renseignemens, M. le Rapporteur
les présenta à titre d'accusation. Il rappela
Lyon mis en état de siège, et les 7000

hommes envoyés par Mouton contre l'armée
du midi; c'était ce qu'il appelait la révolte de
Mouton. Or, je le demande, à qui alors appartenait la force légale ! Il cita les paroles du
Général à la chambre des représentans, lorsque
celui-ci monta à la tribune pour soutenir la
proclamation de Napoléon II. Enfin, il rappela la proclamation de Mouton adressée aux
Lyonnais le 8 juillet, lorsqu'il croyait qu'il y
avait encore un ennemi à combattre, ignorant
que l'étranger était dans Paris et les Bourbons
sur le trône. A la suite de l'exposé de ces faits
qui tous étaient postérieurs au 23 mars, et qui
par conséquent ne pouvaient être invoqués
par M. le Rapporteur sans attirer sur lui le
grave reproche d'avoir manqué à sa parole et
à son devoir, M. de St-Paulet fit un appel aux
passions qui alors n'étaient que trop disposées
à s'enflammer, et termina son réquisitoire par
des mots emphatiques et incendiaires.

Les défenseurs de Mouton prirent la parole
immédiatement après M. le Rapporteur :

M. Marnas s'occupa des faits imputés à l'accusé depuis le débarquement de Bonaparte
jusqu'au 23 mars, et s'efforça de prouver
que ces faits étaient loin de constituer le
crime de révolte et de trahison; il invoqua
ensuite l'art. 12 de la convention du 3 juillet,
qui déclarait que les citoyens continueraient à
jouir de leurs droits et libertés, sans pouvoir
être inquiétés en rien, relativement aux fonctions qu'ils occupaient ou qu'ils auraient oc-
cupées, à leur conduite et à leur opinion
politique. Mais ce système de défense fut
interdit à l'avocat, et on se contenta de lui
répondre que le Roi n'avait point participé à
la rédaction de ce traité, qu'il lui était étranger, et que par conséquent, n'étant lié par
aucun engagement, il pouvait agir comme il
l'entendrait.

Dans le procès du maréchal Ney on voulut
aussi invoquer le bénéfice de la capitulation
de Paris, et ce moyen fut aussi interdit, par
la raison que le gouvernement du Roi ne

pouvait reconnaître une convention passée avec *des rebelles*. Dans cette occurrence, Madame la maréchale Ney s'adressa aux Ministres des puissances étrangères, les suppliant de s'opposer à ce que la convention du 3 juillet fût violée dans la personne de son mari; la réponse à cette supplique fut rédigée, dit la *Revue d'Edimbourg*, d'après un document récent (1), par le duc de Wellington. Elle portait en substance « que l'art. 12 de la convention était d'empêcher l'adoption de toute mesure de rigueur à l'égard des habitans, par l'autorité militaire de ceux qui avaient signé la convention; et non d'empêcher le Gouvernement français d'agir comme bon lui semblerait à l'égard des délinquans politiques. » Horrible sophisme dont la conséquence fut l'exécution du maréchal Ney, et plus tard, celle du lieutenant-général Mouton, exécutions que la France a qualifiées à juste titre d'assassinats juridiques.

(1) Le journal *Le Siècle* du 19 avril 1841.

Les puissances alliées n'étaient donc point étrangères à ce qui se passait en France, et elles donnaient au *vœ victis* des vainqueurs une sanglante application, en s'associant à de pareils actes de vengeance. En effet, comment penser autrement ? Paris capitule et se rend sur la foi des traités ; entre autres choses, ses mandataires stipulent que les individus ne seront point recherchés pour leur conduite et leur opinion politique, et cette stipulation n'aurait un sens que vis-à-vis du vainqueur ! Et de quel droit l'étranger viendrait-il punir des individus pour opinions professées dans leur propre patrie? de qui tiendrait-il ce pouvoir d'apprécier et juger la conduite d'hommes appartenant à une nation autre que la leur? La victoire a des bornes qui lui ont été fixées par le droit des gens, et les franchir, c'est la déshonorer. Cet article de la convention n'était donc point applicable aux puissances étrangères. Il est évident que cette condition avait été stipulée dans la prévision de la rentrée de Louis XVIII,

qui, le 18 du mois de juin, c'est-à-dire quinze
jours avant la capitulation, adressait aux
Français une proclamation signée, le ROI; et
que dans tous les cas l'impunité promise par
l'art. 12, était une impunité promise contre
un Gouvernement français, n'importe lequel.
Les alliés devaient donc tenir à honneur de
rendre la ville prise en vertu de ces conven-
tions, en exigeant que ceux auxquels la remise
en serait faite s'y soumettraient aussi. Mais il
n'en fut point ainsi: les étrangers avaient aussi
leurs rancunes et des vengeances à satisfaire;
ils se rappelaient leurs nombreuses défaites;
il leur fallait des victimes à immoler en holo-
causte à leur patrie humiliée; peut-être même
ces soldats désarmés dont ils demandaient la
mort, leur inspiraient-ils encore de la terreur.
C'est ainsi qu'on enleva à la défense de Ney,
comme à celle de Mouton, sa plus puissante
argumentation.

M. Passet s'occupa des faits postérieurs au
23 mars et présenta les considérations morales

de la cause; c'est dans sa brillante plaidoirie que l'on trouve des faits qui eussent sans doute toujours été ignorés, et qui cependant méritaient d'être connus, puisqu'ils apprenaient combien l'âme de notre compatriote était noble et combien son cœur était haut placé.

Pendant le cours des débats, Madame Mouton se rendit à Paris pour aller solliciter la grâce de son mari auprès du Roi : mais ses prières et ses pleurs furent inutiles, et toutes ses espérances vinrent cruellement se briser contre ces mots implacables de Louis XVIII: il faut, Madame, que justice se fasse. En effet, la justice du Roi était faite.

Après les plaidoiries, le Général fut conduit en prison, et le Conseil entra en délibération. Il était 3 heures; à 5 heures et demie la séance fut reprise, et M. le Président lut l'arrêt qui condamnait, à l'unanimité des membres composant le Conseil de guerre, le lieutenant-général Mouton à la peine de mort. Immédia-

9

tement après la lecture du jugement, M. le Rapporteur requit que, sans désemparer, la dégradation de la Légion-d'honneur fût prononcée, et M. le Président faisant droit au réquisitoire de M. de St-Paulet, la prononça en ces termes : « Régis-Barthélemy Mouton Duvernet, vous avez manqué à l'honneur ; je déclare au nom de la Légion que vous avez cessé d'en être membre. »

Aussitôt après la séance, le Rapporteur se rendit à la prison de Mouton pour lui donner lecture de la sentence du Conseil de guerre. Le Général reçut sans émotion l'homme qui venait lui annoncer l'arrêt de mort que lui-même avait sollicité, et il se contenta de le prier de témoigner aux membres du Conseil de guerre la reconnaissance que lui inspirait l'attention qu'il avait mise à recueillir tous les moyens tendant à le disculper; en même temps il lui déclara que son intention était de se pourvoir en révision : mais le jugement du 19 fut confirmé par le Conseil permanent de révision, et il ne resta plus à Mouton que quelques instans pour se recueillir et mourir en brave.

Aussitôt que cette condamnation fut connue, les Lyonnais s'agitèrent, et un grand mouvement se manifesta dans leur cité : de tous côtés on criait à l'injustice, des groupes se formaient, des projets d'insurrection contre la loi inique se. tramaient en secret, et sur toutes les places de la ville on voyait des placards sur lesquels étaient écrits ces mots grossiers, mais énergiques : *Si l'on tue Mouton, nous éventrons le c.....* : en faisant allusion à Louis XVIII et à son obésité. Que l'on me pardonne cette citation, elle est toute dans l'intérêt de la vérité historique.

On avait choisi Peyrache pour le lieu de l'exécution; mais la police ayant été instruite d'un projet d'enlèvement dans lequel se trouvait toute la jeunesse de Lyon, on changea ces premières dispositions dans la nuit du 27, et l'on choisit le lieu des Etroits.

Les mesures les plus sévères avaient été prises pour assurer le succès de cette triste exécution : on avait échelonné des troupes dans toute la longueur du trajet, à partir de la prison de Roanne jusqu'aux Etroits ; les hommes qui formaient cette haie avaient l'arme chargée et prête à faire feu au moindre signal. Des Suisses étaient désignés pour exécuter l'inique sentence qui venait d'être rendue. Mais ces nobles soldats helvétiques refusèrent une pareille mission, en disant que leurs bras seraient toujours au service de la France toutes les fois qu'il s'agirait de combattre l'ennemi, mais qu'ils n'étaient point les exécuteurs des hautes œuvres de la justice française, qu'ils étaient soldats et non bourreaux. En conséquence, on s'adressa à de misérables troupes stipendiées, connues sous le nom de Légion du Rhône ; on savait bien que leurs mains ne trembleraient pas : c'était la lie de l'armée.

Le 28, à 4 heures et demie du matin, la

prison s'ouvrit ; le condamné monta avec
calme en voiture, accompagné de M. Besson,
curé de St-Nizier, de l'abbé Barduel et de
M. le Rapporteur du Conseil. Mouton portait
un chapeau rond, des bottes à l'écuyère et
une redingotte bleue sans décorations; la voiture, escortée par un escadron de gendar-
merie, allait au pas. Arrivé au lieu fatal,
Mouton descend de la voiture avec fermeté,
se place d'un pas assuré devant 12 grenadiers de la Légion du Rhône et, après avoir
obtenu comme une faveur d'ordonner le feu,
il le commanda avec sa voie vibrante des jours
de bataille; une détonation se fit entendre, et
Mouton tomba frappé à la tête et au cœur.

Une vengeance royale était satisfaite, un
nouvel à-compte venait d'être payé à l'étranger sur le tribut de sang qu'il avait imposé à
notre malheureux pays, et celui qui avait été
respecté pendant trente ans par le feu de l'ennemi, mourait sur le sol de la patrie, tué
par des Français. Mais tout n'était pas fini

pour Mouton : c'est le fait des passions politiques, de poursuivre leurs victimes même
jusque dans la tombe.

Pour remplir un devoir de piété conjugale,
la veuve désolée de Duvernet voulut élever un
monument funèbre à la mémoire de son
époux ; mais l'autorité intervint et lui défendit
brutalement de donner une forme à sa dou-
leur, n'importe laquelle. Malheureuse femme,
à qui l'on interdisait même les larmes ! Ils
avaient pourtant raison, ces hommes du pouvoir, de ne point laisser se dresser un monument qui aurait attesté un acte odieux et
qui serait devenu pour eux un redoutable
témoin, dont l'éloquence muette eût été com-
prise de tous. Ce ne fut qu'en 1819, c'est-
à-dire trois ans après la mort de Mouton,
qu'on permit à sa veuve de lui ériger un
tombeau, mais encore avec la restriction que,
dans le cas où elle voudrait y faire mettre
une inscription, elle ne ferait connaître ni la
qualité du défunt, ni rien qui pût rappeler les

circonstances dans lesquelles il était mort.
Illusoire précaution ! Ne savaient-ils pas, ces
mêmes hommes, que l'histoire pour s'éclairer
va fouiller dans les tombeaux ! qu'elle interro-
gerait les cendres de leur victime, et
qu'elle aurait pour ce fait, une page écrite
avec du sang !

Ce fut à propos de cette latitude si res-
treinte donnée à Madame Mouton, qu'on lui
demanda si elle ne se contenterait pas d'une
simple pierre avec une croix. La pauvre femme
refusa, en disant qu'elle en portait une assez
lourde. Alors on permit d'élever le tombeau
qui existe actuellement : c'est-à-dire un cippe
surmonté d'une urne funèbre, et l'épée du
Général, avec les noms des victoires auxquelles
il avait assisté avec tant d'éclat.

La passion ne s'arrêta point là.

Lorsqu'un grand criminel est frappé par la
justice humaine, son supplice est donné en
spectacle aux populations pour jeter dans les
âmes une terreur salutaire qui doit profiter à

**

la société ; et aussitôt que l'exécuteur des hautes œuvres a accompli sa pénible tâche , ceux qui ont assisté à cet acte de la vindicte publique se retirent le cœur navré et les larmes aux yeux. Il n'en fut même pas ainsi pour notre compatriote , et si sa mort fit verser quelques larmes , elles coulèrent en secret , tandis qu'une bruyante et brutale joie vint remplacer ce sentiment de tristesse qui pèse sur toute une cité , quand le sang humain qui vient d'y être versé est encore fumant. Un banquet impie eut lieu ; des vociférations se firent entendre ; des toasts , chose inouïe , furent portés à la mort et , pour compléter cette horrible parodie des banquets ordinaires , les féroces convives qui assistaient à cette saturnale , demandèrent qu'un *foie de mouton* leur fût servi , et ce foie aussitôt présenté fut percé de mille coups de couteaux. Véritables cannibales dansant et hurlant autour de leur festin , transformé par leur imagination en un repas hideux de chair humaine !

Honte à ces hommes qui, au milieu des divisions intestines dont fut déchiré notre malheureux pays, ont trouvé un sujet de réjouissance publique dans ces actes de vengeance exercés par un parti vainqueur sur un parti vaincu. Jamais chez eux n'exista le sentiment patriotique, car avec lui ce sentiment entraîne celui de la fraternité !

Telle fut la fin de Mouton, bon soldat, grand capitaine; la République et l'Empire le virent toujours dévoué au pays et prêt à verser son sang pour lui. Il acquit tous ses grades à la pointe de son épée; ce fut à son courage et à son sang-froid que l'armée dut quelquefois son salut. Il avait donné à Bonaparte une haute idée de ses talens militaires, et quand l'empire croula, l'Empereur tenait en ses mains le bâton de Maréchal qui lui était destiné. Avant tout, soldat de la nation, il fit tout pour elle, et lorsqu'il la crut en danger, il n'est pas de responsabilité qu'il n'assumât sur sa tête pour la sauver. Il sortit avec succès de

10

toutes les missions difficiles qui lui avaient été
confiées, et son langage ravivait partout où il
se présentait les nobles sentimens patriotiques.
Membre de la chambre des Représentans,
s'il ne se fit point remarquer par son talent
oratoire, il sut pourtant faire passer dans
l'esprit de ceux qui l'écoutaient, les convic-
tions qui l'animaient ; sa parole se passionnait
quand il parlait de sa patrie, et dans son enthousiasme pour elle, il s'élevait parfois à une
éloquence du cœur, qui lui attirait de nombreux applaudissemens. Au retour de l'Empereur, sa position fut des plus difficiles :
Bonaparte, celui à qui il devait tout ce qu'il
était, l'appelait à lui ; les Bourbons l'appelaient
aussi à eux : ses sympathies l'attiraient d'un
côté, et la voix sévère du devoir se faisait
entendre de l'autre ; mais par suite d'un con-
cours fatal de circonstances, tout en allant où
l'appelait le devoir, il fut où ses sympathies
l'attiraient, ce fut là tout son crime. Placé,
par le fait du retour de Bonaparte, entre la

paix et la guerre civile, entre l'anarchie et
l'ordre, sommé de choisir, il fit ce que tout
bon Français aurait fait à sa place, il choisit
la paix et l'ordre. Ce n'est qu'à la fin de l'Empire qu'il fut fait lieutenant-général, et ce ne
fut que lorsqu'il ne restait plus rien à faire,
qu'il obtint un de ces grades où un officier
supérieur recueille à lui seul tout le mérite
et toute la gloire d'une grande affaire, c'est
ce qui fait les noms historiques. Quelques
années plus tôt, Mouton fait général, nous
aurions un grand nom de plus dans nos
phases guerrières; il arriva trop tard et n'acquit qu'une gloire incomplète. Mais la mort
est venue lui donner la place que le sort semblait lui disputer, car son sang a marqué
d'une manière ineffaçable une époque de notre
histoire. Aux vengeances royales il faut de
grandes victimes; Mouton fut choisi; ce choix
doit le grandir à nos yeux : quand l'orage
éclate, il frappe les sommets. La couronne
du martyr l'a donc immortalisé. Semblable à

ces chrétiens des temps antiques qui mou-
rurent par dévoûment pour une idée, et que
les livres saints nous représentent, au jour de
leur supplice, avec une auréole de gloire sur
la tête ; leurs noms consignés dans les marty-
rologes de l'époque sont arrivés jusqu'à nous ;
ainsi le nom de Mouton passera à la postérité,
car si la religion a ses martyrs, la patrie a eu
les siens, et l'histoire consignera aussi dans
ses pages, les noms de ces illustres victimes.

La justice des Rois n'est pas toujours celle des
peuples : les Rois invoquent la loi écrite, qui est
leur ouvrage et qu'ils torturent souvent, selon
le besoin de leur cause ; les peuples invoquent
la morale qui découle de l'équité, code immense, qui est l'ouvrage de Dieu, et dont le
commentateur éclairé est la conscience de
tous les hommes. La justice des Rois, c'est
toujours l'homme, quelquefois le bourreau ;
la justice des peuples, c'est toujours Dieu
avec son infaillibilité ; *vox populi vox
Dei.* Aussi arrive-t-il souvent que ces deux

juridictions se trouvent en désaccord, et que le jugement rendu par l'homme isolé est souvent brisé par le tribunal de l'opinion publique : Cour suprême de laquelle dépendent toutes les autres, et dont les arrêts sont sans appel, car rien n'est au-dessus d'elle. Cela est si vrai, que cette juridiction offre un phénomène des plus remarquables, et contraire à tous les principes de la justice humaine. En effet, dans ce tribunal redoutable le juge est partie intéressée. Et qui a le droit de se faire justice lui-même, si ce n'est un peuple? l'expérience ne vient-elle pas confirmer cette opinion? 1830 est là pour en donner la preuve.

Cette révolution de 1830 ne fut pas plus tôt accomplie, que le peuple, dans sa haute sagesse, sentit le besoin de reviser certains jugemens rendus par le pouvoir qu'il venait de renverser. Celui de Mouton était de ce nombre; aussi la première pensée du peuple fut-elle de le réhabiliter. Ce fait eut lieu avec toute la solennité d'un peuple qui va rendre un

arrêt. La population avait été convoquée par la
voix des journaux. Au jour indiqué, plus de
30000 hommes se trouvaient réunis autour du
cercueil de notre compatriote; la garde nationale de Lyon était là debout et l'arme au bras,
les tambours voilés faisaient entendre leurs rou-
lemens funèbres, et la musique guerrière semblait applaudir à ce touchant spectacle. Le but
de cette réunion était d'arborer le drapeau tri-
colore sur la tombe de Mouton : idée heureuse
qui semblait dire que, sur ce terrain fertilisé
par les cendres d'une noble victime de l'injustice d'un Roi, l'étendard national devait
puiser une sève plus abondante et conserver
toujours la vivacité de ses brillantes couleurs.
Il y eut plusieurs discours de prononcés; un
général vint faire l'éloge de son ancien compagnon d'armes, un vieillard prêcha l'oubli et
le pardon, un garde national jura de mourir
pour la liberté, un poète jeta sur les restes
de Mouton les fleurs de son beau langage, et
un ouvrier parla de fraternité.

Honneur à toi, Mouton! qui as su faire
de ton tombeau le noble rendez-vous où
toutes ces intelligences, grandes et petites,
sont venues pour échanger avec effusion, des
paroles de paix, de pardon et de fraternité.
N'est-ce pas là la plus belle de toutes les épi-
taphes?

Plus tard, à la fin de 1833, eut lieu un
second pèlerinage à la tombe de Mouton.
Lyon était alors dans un état de fermentation
extraordinaire, et le sol y était brûlant : c'était
trois ou quatre mois avant les évènemens du
mois d'avril 1834. Les masses inquiètes sem-
blaient présager quelque sanglante catastrophe,
et elles venaient encore sur le tombeau de
notre compatriote, pour s'y recueillir et inter-
roger les cendres du vieux soldat des libertés
nationales. Cette fois, la police s'en mêla; une
lutte s'engagea, dans laquelle elle eut le des-
sous, et le cortège se retira comme il était
venu, religieusement. Ne dirait-on pas qu'il en
est des peuples comme de ces individus qui, à

la veille d'une grande action, vont s'inspirer de la mémoire des morts qui leur furent chers (1).

La réhabilitation de Mouton a été en quelque sorte plus complète. Son portrait avait été fait par un artiste distingué de notre ville (M. Giraud), et avait été exposé dans cette enceinte en 1842, lors d'une séance publique. La place naturelle de ce portrait de famille était dans ce musée, et si notre Société d'agriculture n'était point assez riche pour l'acheter, le Conseil municipal devait venir à son secours ; mais, soit pénurie, soit faiblesse, car les corps, comme les individus, font entrer une foule de considérations dans leurs délibérations, l'acquisition ne se fit point, et M. Mouton, le fils du Général, se hâta de l'acheter.

(1) Voir le journal le *Précurseur de Lyon*, aux Nᵒˢ des 12 septembre 1830 et 30 octobre 1833.

IMPRIM. DE GUILHAUME , AU PUY , RUE DU COLLÉGE.

Aussitôt qu'il eut reçu ce portrait, il s'empressa de l'envoyer à Paris pour le faire recevoir au Musée de Versailles ; et ce magnifique palais, consacré à toutes les sommités guerrières de notre histoire, ne s'est point fermé pour notre compatriote; il y a été dignement reçu, comme un hôte distingué qu'on attend.

Voici ce qu'écrivait, le 22 juin 1843, M. Cailleu, directeur des Musées royaux, à M. Mouton : « M. l'Intendant-général de la Liste civile m'a fait connaitre que le Roi a décidé que le portrait du général Mouton-Duvernet, votre père, serait placé dans la galerie de l'Empire, au Musée de Versailles. »

Rendre cet hommage éclatant à la mémoire de Mouton, c'était flétrir ceux qui l'avaient condamné ; car grandir ainsi cette noble victime, c'était diminuer d'autant la moralité de ses juges. Cependant, parce que tous les pouvoirs se ressemblent et qu'ils se croient solidaires les uns des autres, il n'en a point été ainsi, et si les portes de Versailles ont été

11

ouvertes à Mouton, celles des honneurs ne se sont point fermées pour ses juges. M. de Castelbajac, qui faisait partie du Conseil de guerre qui condamna à l'unanimité Mouton-Duvernet à la peine de mort, ne vient-il pas de recevoir le commandement de la 11e division militaire, dont le chef-lieu est Bordeaux ! Singulière anomalie, *qui donnerait à penser que les rois se succèdent et ne se remplacent point, et que celui d'aujourd'hui n'est que l'exécuteur testamentaire de son prédécesseur.*

Pour la moralité des faits que je viens de rapporter, j'aurais voulu pouvoir donner quelques renseignemens sur la destinée du délateur Pointel; mais rejeté et honni de tous côtés, il a caché son existence comme une chose honteuse. Tout ce que j'ai pu recueillir, c'est qu'après sa dénonciation, il vint à Paris pour recevoir la récompense de son acte déloyal, et comme il demandait un supplément aux largesses royales, c'est-à-dire quelque emploi; il lui fut répondu, par un reste de pudeur : « que de pareils services ne se payaient qu'avec de l'argent. » Ainsi l'on fait du vil instrument qui a servi à la perpétration d'un crime; l'attentat une fois commis, le meurtrier épouvanté le rejette loin de lui dans l'ornière, pour faire disparaître toute trace accusatrice, et il reste là, muet, mais couvert de fange et de boue.

PUY, TYP. GAUDELET.